Marcus H. Rosenmüller
Gerd Baumann

WENN NICHT WER DU

Gedichte, Lieder und Gedichte

Mit Zeichnungen von Martin Kett

Verlag Antje Kunstmann

HA!

Einen Anfang zu finden

Einen Anfang, sagt der Künstler,
zu kreieren sei recht schwer!
Doch ich sage Ihnen ehrlich:
ach woher, pft, ach woher!

Der Anfang wird oft überschätzt,
das können Sie mir glauben,
denken Sie an guten Wein:
Am Anfang sind's nur Trauben!

Denken Sie an diese Welt:
Am Anfang stand ein kläglich Wort!
Denken Sie an Ihren Mann:
Am Anfang trieb er täglich Sport!

Denken Sie an Ihre Frau:
Am Anfang dachten Sie an sie,
und Sie wissen ganz genau,
wann ich meine und auch wie!

Der Anfang, er wird überschätzt,
es zählt doch mehr das Ende:
Auch das Meer ist stets entsetzt,
entdeckt es seine Strände.

Pamphletis Feuilletonae

Ist nicht wichtig,
wo einer herkommt.
Ist egal,
wohin er fahrt.

Das Einzige,
wo wirklich zählt,
ist die Bildung,
die was er hat.

REIMZWANG

muss der reim
denn immer seim?
kann man vom reim
sich nicht befreim?
Ach ich wär so gern
modern
und schlicht
und ohne reim,
doch fällt mir keiner
eim …

Brief an Schiller, unbeantwortet

Lieber Schiller,

schweigend liegen Seen und Felder
zart umhaucht in Deinem Glanz.
Dämmernd drehen Fluss und Wälder
sich im abendlichen Tanz.

Träumend gebe ich dem Frieden
stürmische Gedanken hin.
Schick sie fort, zur Stille hoch,
wünsche, dass sie weiterzieh'n ;-)

Und schon regt sich im Gewolke
wie zur Antwort: Sturm und Wind.
Nimmt nun mit, in weite Ferne,
was ich in Gedanken schuf.

lg, hdgdl
Gerd

Unterhalb vom Eiffelturm

Unterhalb vom Eiffelturm
befummeln sich die Frischverliebten heftig,
tummeln auch die abgebrühten Hummeln
in den aufgeblühten Kelchen.
Welch ein wunderschöner Tag.

Diebeshände schummeln
kräftig
in den Taschen
unterhalb vom Eiffelturm.
Alte Frauen, junge Frauen und auch Männer
bummeln
geschäftig
in den Geschäften
unterhalb vom Eiffelturm.

Mädchenfinger greifen,
Erdbeerkugeln schmelzen,
kurz nur wird es laut:
vorm Zebrastreifen
quietschen Reifen,
wird ein Kleinkind fast erfasst,
dass der Riesenclown auf Stelzen
sich kurz für seine Witze hasst.

VENICE

Doch nicht heute, nein, nicht heute,
weil sich schätzungsweise Gott im Himmel
über diese Leute
unterhalb vom Eiffelturm erfreute.

Dort ist Leben!
Dort ist Geben und Nehmen!
Dort spürt man Güte als Bezwinger.
Dort möchte und sollte man sein,
vor allem wenn die Sonne scheint,
und der Akkordeonspieler,
und die wippenden Schritte,
und das Parfum, die Schokolade und die Bouillon,
die Vernissage, und der Kulturbeutel,
aber es ist gar nicht nötig, dies fertig zu denken.

Nur eines noch:
Unterhalb vom Eiffelturm
wundert sich in seinem Boot
der tief verträumte Gondoliere:
»Wie bitte schön komm ich hierher?«

Schaf und Schäfer

Ein Schäfer zählte seine Schafe,
stellte fest, dass eines fehlte.
Das stand hinter ihm, ganz brav,
weil es nämlich Schäfer zählte.

»Das ist einer mir zu viel«,
sprach das Schaf, indem es zielte
auf den Schäfer, der nicht fiel –
denn das blöde Schaf, es schielte.

»Schau, jetzt merkst du, dass es Sinn macht,
dass ich Schäfer bin, nicht Schaf.«
Ein zweiter Schuss, ein Treffer, kracht –
vom Schaf, das diesmal traf.

Karibische Sehnsucht

Als Student hob i in da WG direkt am
Mittlern Ring gwohnt.
Und wann i amoi schlafa hob woin,
damit i a schlafa hob kenna,
hob i mia vorgsteit, dass des Motoradl-
lastwangtaxirauschn gar ned desselbige is,
sondern a anders Rauschen, nämlich:
die Gischt der Karibik vor meim Tequila-
sunrisebambusbungalow.

»Mittlerer Ring«, hob i gsogt, »du konnst
mi moi!«

As Studium is glafa und a Geid hob i a
scho vadeant.
Grod eben lieg i bsuffa in meim
Tequibabambullow
und glabts as, i moan allaweil,
de Gischt do draussn is da Mittlere Ring
und geht direkt an meina Hüttn vorbei,
und de Taxis und Motorradln und Lastwong
hupn eina zu mia:
»Leck uns doch du am Arsch – mia lossn
di ned schlafa!«

Und a Sehnsucht überfoid mi,
a karibische Sehnsucht nachm Mittlern Ring.

I sogs eich: A so a neckermannkaribische
Tequilasunrisebambusbungalowmuschel-
verandareise
– des is wos fads.

Kuh und Bauer

Steht ein Rindvieh auf der Weide,
neben ihm sein dummer Bauer,
fragen sich jetzt alle beide:
Wer von uns ist schlauer?

Da rast ein Großmeteorit
gewaltig auf die Weide zu,
der Bauer nimmt die Kuh zum Ritt
und flieht (wie Winnetou)!

Sie fliegen über Stock und Schwein.
Der Meteor! Er kommt! Schnell weg!
Doch legt die Kuh den Bauer rein
und wirft ihn ab und in den Dreck.

Der Arme fängt ganz geisteswach
den Meteor mit bloßer Hand
und schleudert ihn der Kuh hernach,
doch die war schon ums Eck gerannt!

So sind sie beide, Kuh und Bauer,
dem Tod entfloh'n und heil geblieben.
Zur Frage nun, wer sei jetzt schlauer:
Ich finde, es steht unentschieden.

Vom Ritter Arthur

Auf der Burg des Linzer Grafen
las, um besser einzuschlafen,
Ritter Arthur noch ein Buch,
da kam die Zofe zu Besuch.

Sie stürmt herein wie ein Gewitter:
»Oh Ritter Arthur, es ist bitter,
der Graf, er schickt dich in die Schlacht,
wir haben nur noch diese Nacht!

Drum, bitte Ritter, komm und tröste!«,
beschwor sie ihn und flugs entblößte
sie ihren Körper voller Gier.
»Nimm mich, ich will ein Kind von dir.«

Kaum hat sie diesen Satz gesagt,
hat er das Zöfchen wild gepackt
und schob sie auf den Außentrakt,
verschloss die Tür, nahm sich das Buch
und las den dritten Akt.

Ja, ja, der Ritter Arthur,
der interessiert sich nur
für Literatur.

Gruselgedicht

(unbedingt furchterregend vorzutragen)

Krat ind furtreg destre wai?
Tait ma gunleg betsre kai?
Grundud griatelek kraiteleg krai
Vutre mantarn balaka ai!

Pustra bente intra ponto
Furst da miande eibelo
Duandtro kaibelkrobamente
Furtale furtale gwente

Baistra raige rakolo
Brute santro blenagro
Naistreh furschtre fizili
Hi-i-i kabi!!!

Der Engel

Ein Engel war unendlich heiter,
bis er sich den Flügel brach.
Die Kollegen flogen weiter.
Mir egal, er sprach.

Dann flieg ich halt hernach

Letzte Anweisungen des Nasa-Direktors Charly Farting an seinen Lieblings-Astronauten Barnie Rock und die unmittelbaren Auswirkungen auf einen Knaben

Der Countdown läuft und Charly Farting
redet feierlich und laut:
»Barnie! Tschüss! Nimm diesen Ring!
Du zuckersüßer Astronaut …

Zuerst flieg rechts und hoch zum Mond,
dann mit Schwung zum Jupiter.
Dort schaust du, ob – und wer – da wohnt.
Jetzt flieg! Mein kleiner Knuffelbär!«

Vom Abschied weich und ganz ergriffen
stammelt leise Barnie Rock:
»Lass uns schnell noch einen kiffen!
Dann heb ich ab, du geiler Bock!«

Der Zufall will's, dass nebenan
ein Knabe steht und schweigt und hört:
Sein Bild vom Astronautenmann
ist auf all- und ewiglich zerstört.

Lösungsgedicht

Ein Hahn kräht einmal seiner Henne:
»Schluss jetzt mit dem alten Streite!«
Ob jemand denn die Lösung kenne
und ein Ende ihr bereite?
Nämlich der Menschheit Fragerei:
Was zuerst war, ob das Ei
oder Henne vorher käme …

Ach, die Antwort ist so leicht!
Zuallererst da war die Henne,
kurz davor, da war das Ei.

Der alte Mann und das Meer

Es stieg der alte Mann ins Boot,
es winkte ihm die Frau gar süß:
»Ich erwarte dich zum Abendbrot!
Nun Waidmannsheil und tschüüss!«

»Jawohl, fang du schon an zu backen!
Mich hungert nämlich sehr!
Schau her, den Angelhaken,
den schmeiß ich vorn ins Meer!«

»Er wird von Tag zu Tage blöder«,
denkt sich die Frau und geht zum Boot:
»Du brauchst doch für den Fisch 'nen Köder!«,
und hängt ihm an den Haken Brot.

Nun endlich packte er das Luder, äh, Ruder
und ruderte hinaus aufs Meer.
Siebzig Jahre war sein jüngster Bruder,
darum ruderte er schwer.

Und als er endlich draußen war,
sinnierte er: »Was mach ich bloß?«
Er strich sich durch sein schüttres Haar.
»Mein Hunger ist so groß!«

Da kam's, dass ihn das Brot anlacht!
»Jawohl, von diesem werd ich satt!«
Doch hat er leider nicht bedacht,
dass dieses Brot 'nen Haken hat!

Er beißt hinein und schluckte schwer,
der Mann war wahrlich alt!
Er schmiss sich dann noch selbst ins Meer –
das Abendbrot, es wurde kalt.

Trostlied

Wenn Kummer durch die Knochen zieht,
dann sing ich Dir ein frohes Lied:
Kummer Rächer!
Herzens Brecher!
Wirtshaus Zecher!

Und schon geht's Dir wieder becher!

Der Tag

Der Tag beginnt,
er ruft mir zu:
»Schließe deine Äuglein zu!«
Nein halt, Moment,
das war es nicht …
war doch ein anderes Gedicht.

Der Kurzschluss

Ein Tintenfisch, der fischverliebt
gar holde Liebeslieder schrieb,
die er, da tintenleer recht blass,
auf Geige, Cello, Kontrabass,
der Zitterälin spielt,
die splitternackt zum Trotz sich
von ihm angezogen fühlt.

Schwänzelnd kokettierend,
ihn zu wildem Spiel verführend,
die Begierde in ihm schürend,
in Ekstase dirigierend
hasten sie zum Höhepunkt,
da es zwischen ihnen funkt.

Die Zitterälin, hochelektrisch,
voll Spannung auch der Tintenfisch,
kommt zeitgleich mit dem ersten Kuss
der Kurzschluss –

der wiederum auf einen Faden
einer Angel eines Fischers springt,
und sich nun höchstgeladen
Richtung Fischers Arme schwingt.
Der arme Fischer, ahnungslos
lässt intuitiv die Angel los –
Schluss!

Denkt man – doch nein:
Er ärgert sich darüber sehr
und greift der Angel hinterher,
ja, wie die Hand ins Wasser taucht,
da zischt es kurz, es funkt, es raucht,
dem Fischer kommt die Hand abhanden,
sein Glühen ward von einem Schiff
als Leuchtsignal verstanden,
das daraufhin das Steuer dreht
und späterdings an einem Riff
nicht ohne Grund aus diesem
Grund zu Grunde geht.
Schluss?

Denkt man – doch bitte, nein:
Ein großes Land, das dieses sah,
war sich gewiss: »Ein Krieg ist nah!«,
und klaute sich ganz unverdrossen
den alten Satz:
»Ab heute wird zurückgeschossen!
Zwar sinnlos ist es, aber wahr:
wir reagieren nuklear!
Ansonsten hat man nur Verdruss!«
Kurz darauf war wirklich Schluss.

Ach nein, nun seid doch endlich mal geduldig:
der Tintenfisch, er fühlt sich schuldig.

HM

Kinderrätseln

Wer kann die Träume in Scheiben schneiden?

Wer hat sich um dich,
als deine Eltern noch Kind waren,
gekümmert?

Wer schubst dich in die Zukunft?
Gibt es drei mal Unendlichkeit hintereinander?

Wer lässt, wenn du nachts nicht schlafen kannst,
deine Augen auffallen?

Wer kocht, wenn du alt bist,
deinen Eltern Kaffee?

Wer?

Sokrates, kurz vor seinem Tod

Vom Denken müd' und ausgebrannt
verdrückte sich der Top-Hellene
Sokrates vom Griechen-Land
eine gut durchdachte Träne.

Denn die letzte seiner Fragen
konnte er nun nicht mehr stellen.
Hier und heut kann's keiner sagen:
so versiegen alte Quellen.

13

Kurz vor Mitternacht

Kurz vor Mitternacht:
Die Turmuhr rauft sich ihre Zeiger,
denn sie zeigt erst kurz vor acht,
und sie spürt an ihren Rädern,
dass sie's nicht mehr lange macht.

In den Zimmern dösen Lichter
eines Pärchens, das noch wacht,
denn es fürchtet das Gewitter,
das in ihre Seelen kracht.

Eine Zeile einer Zeitung schlägt im Wind.
Wie ein Zauber schwebt ein Leichentuch
durchs Fenster.
Durch die Ängste aller Menschen
taschenlampen sich die Gangster.

Nur ein Fremder, dessen Name
hier bewusst verschwiegen wird,
liest voll Skepsis und auch Häme,
dass die Zeit sich ändern wird.

Und ein Gott, der gar nicht gnädig,
bläst den Sturm.
Er wirft Blitze in die Stadt und auf den Turm.
Horcht!

Es kracht:
die Uhr steht still, es ist vollbracht.
Sehr viel später wird man schreiben:
Es war kurz vor acht.

Erntedankfest

Wartend an der Trambahn stand ich.
Neben mir ein alter Mann, *brumm brumm*,
der brummte
eine Melodie, die eine Bäurin, als ich Kind war,
auf dem Land, beim Heuen, *summ summ*,
oftmals summte.

Und wie's ertönt, schon, *nhhh*,
riecht's nach Wiesen,
und ein Mähwerk, *schlag schlag*,
schlägt im Takt,
und das harte, abgesenste Gras – *autsch* –
piekst an den Fersen,
und durch die Zehen quillt mir – *pfütt* –
der Hammelquark.

Und mein Herz, *poch poch*,
fängt an zu pochen,
weil ein Mädchen, *nhhh*,
das ich mochte,
freundlich mit der – *schwiiitt* –
der Sense schwingt.

Und sie greift nach meiner Hand,
und die Zeit fragt atemlos,
wohin die Trambahn, *quietsch*,
denn fährt.

Ich fasse mir ans – *poch* – ans Herz
und stammle »himmel-, himmelwärts«!

Asimov

Ist's ein Stern, den ich dort sehe?
Ist's ein Punkt auf einem i?
Wie ich es auch wend' und drehe –
er funkelt sinnlos vor sich her.
Er ist niemand, nichts und nie.

Schau ich anderntags nach oben,
seh ich da denselben Stern.
Hab ich gestern also doch gelogen –
Wie wunderschön! Der große Bär!
Hab die Welt heut wieder gern.

Dank

Es fehlt mir eine Viertelstunde,
die ich wohl im Schock verbracht.
Jetzt lieg ich, leck mir meine Wunde
und frag: Was hat sich wer dabei gedacht?

Wem dank ich, dass ich noch am Leben?
Wem sag ich, dass ich schon verstanden habe?
Sprech's leise zu mir selbst, gerade eben,
doch mein Dankgebet wird eine Frage:

Ich danke Dir – doch – gibt es Dich?
Ich bitte Dich – selbst wenn's Dich nicht …
Moment, Moment, so könnt es sein:
Ich dank einfach ins Nichts hinein
und da, vermutlich, find ich Dich.

ZUR KRÖNUNG

wenn man dich krönen will
weil das schicksal dich küsst
und das volk dich liebt
so vergiss nicht, dass du kein könig bist
und dass es keinen könig gibt

selbst könige wissen vom schwindel
doch das dienen dient der gewöhnung
und es behagt der blick aufs gesindel

doch nimm dich in acht
im augenblick der entkrönung
wenn dir die angst die krone vom kopfe frisst
musst du wissen, wer und was du wirklich bist

Heimat

Zuerst hineingeboren,
wirst du ein Teil von ihr,
vom Zufall auserkoren
schenkt sie ein Lager dir.

Sie spendet Ort und ein Gefühl,
und eine Leine um den Hals.
Sie meint, ihr Schoß sei auch dein Ziel,
und spielt beleidigt andernfalls.

Du übst ihr Lachen, ihre Sprache,
ihre Düfte, ihren Sinn,
lernst ihre Träume, ihr Verlangen,
wo du hingehst, geht sie hin.

Nicht jeden, den du leiden kannst,
wird sie ihr Eigen nennen,
nicht jeden, der sie mit dir teilt,
wirst du an ihr erkennen.

Von Zeit zu Zeit begehrt sie auf
und wähnt verzagt sich flüchtig,
und giert nach deiner ganzen Liebe,
hysterisch eifersüchtig.

Später, wenn du einsam bist,
kannst du dich an sie lehnen,
und wenn sie wieder Fahne hisst,
willst du dich für sie schämen.

Zuletzt wenn du gestorben bist,
dann stirbt ein Teil von ihr –
ein andrer wird geboren.

Den lehrt sie Sprache, Schritte, Lachen
und die Träume –
auch von dir.

Es ist mir gegeben

Es ist mir gegeben: Zu sitzen, zu springen,
zu denken, zu schwimmen, zu hören, zu weben,
zu liegen, zu basteln, zu zündeln, zu singen,
zu knutschen und so ist mir auch noch gegeben!

Wenn ich will, kann ich lachen
und Buttermilch trinken,
kann schweigen, kann flüstern,
kann schreien, kann reden,
kann jammern und klagen,
im Grübeln versinken,
kann pfeifen (zum Beispiel
die Hymne von Schweden).

So lang mir mein Herz schlägt
und Beine mich tragen,
will ich alles, wenn's geht,
gerne einmal probieren.
Wenn ich nicht alles schaffe,
wird man immerhin sagen:
Er kann nicht nur gewinnen.
Er kann auch verlieren!

Herbstlied

Der Herbst, er bläst mir ins Gemüt
und das tüt güt.
Er weht sein buntes Farbenkleid
und lädt zur Paarung ein.
Es riecht nach schöner Frau und Bier
und ewiglichem Bein.
Ein Jammer, wer da keine Freude hat.

Der Herbst ist kein Aristokrat,
nicht blau ist sein Geblüt,
er freit im Kleide rot.
Und das tot einem Sozi got.

Ahoi

Ach, hol doch der Schnaps meine Seele,
bevor sie der Teufel holt.
Ich lechze nach brennender Kehle,
und dass mir der Kopf
von meinen nutzlosen Schultern rollt!
hühahohahü

Ach, hol sich die Frau meine Pfründe,
bevor die Kirche sie holt.
Ich lechze nach Rausch und nach Sünde,
und dass mir die Liebe
mit Wunden und Narben die Leidenschaft
zollt!
hühahohahü

Ach, hol sich die Welt mein Gebrüll,
bevor ich im Dunkeln verhalle.
Ich lechze nach Echo und echtem Gefühl,
und dass mich mein Mut
auch noch morgen berauscht und gefalle!
hühahohahüaho

Ach, hol dir, du Engel, die Angst,
bevor sie mich gänzlich frisst!
Ich lechze nach Tanz, und dass du mit mir wankst
und ankerst
und Neues begrüßt.
hüaho

Es geistern die Seelen durchs Weltall,
und sehnen sich Gott herbei,
es werden die Segel gehisst,
auf der Suche nach ihm:
Ahoi!

Anderswer

In einem meiner hinterletzten Träume
verwitterte ein welkes Land,
das ich gegen meinen Willen fand.
Ohne Menschen, Tiere, Bäume,
nur ich allein war's, der da stand.

Ich schrei ins Nichts, doch ohne Laut,
denn nicht mal Stille ist zu ahnen,
und in quälend langen Bahnen
kreist ein Etwas, das mich graut,
durch mich hindurch, um mich zu mahnen:

Dass ich wach sei, dass ich lebe!
Dass nur lebt, was voller Mut,
voll mit Schmerz, was niemals ruht,
dass ich Trost und Liebe gebe,
lust- und freudvoll sei und gut.

Es verschwindet sonderbar –
lange starr ich hinterher,
wissend, ich werd niemals mehr
sein, so wie ich einmal war.
Ab jetzt bin ich anderswer.

Immer einmal

Immer gibt's ein erstes Mal.
Verliebt, versetzt, verfahr'n, verroht.
Das allerletzte erste Mal
ist nur mehr der eigne Tod.

Einmal gibt's das letzte Mal.
Berührt, gespürt, vermisst, verweht.
Das allererste letzte Mal
bleibt, auch wenn es geht.

Zivilisation

Sie stand verträumt im Wind
und herzte all die Fremden,
sie lief als Sommerkind
in viel zu großen Hemden.

Sie trank aus dunklen Pfützen
und wusch sich gern mit Schnee,
sie betete zu Blitzen
und küsste ihren nackten Zeh.

Es ist so dreist, so frei zu sein!
Wie wird man nur so frei?
Sie war erst drei.
Bereits mit fünf,
da trug sie Strümpf!

Es ist Nacht

Katzen schleichen
wie Betrüger,
der Mond gähnt kaltblütig sein Licht.

Wer kann, wie ich, nicht schlafen,
wie ich nicht sehen,
was aus dem Dunklen zu mir spricht?

Es ist Nacht,
und ich sehne mich zu euch.

Träume schweben
über Betten,
kaum zu fassen, gleich der Diebe!

Nebel zieht,
das Wasser flieht,
Hände drücken sich zur Liebe.

Es ist Nacht,
und ich sehne mich dorthin.

Was bewegt sich,
horch, was regt sich,
flüstert, kichert, raschelt dort,
wechselt ohne Schritte
seinen Ort.
Scheinbar hinten,
in der Mitte,
vorm Begreifen
fort.

Es ist still.

Morgen, so Gott will,
werde ich wieder sein.

Die Angst klopft
an die Fensterscheiben.
Es ist Nacht.
Ich sehne mich
nach Bleiben.

Vorschlag

Gibt’s den Tod nach einem Leben,
kann es doch nichts Schön’res geben
als ein Leben nach dem Tod.

Doch dieses Leben nach dem Tod
ist, so hoff ich, ohne Not.
Sonst bleib ich lieber leben.

Nicht alles kann man leben

Den Schritten hinterher,
den Blicken gefolgt,
meist ein anderes
Wesen erträumt.

Den Schmerz besprochen,
die Freude belacht,
wieder und wieder
anderes Dasein erdacht.

Nicht alles kann man leben,
selbst selten sich selbst,
weswegen
ich dich beneide,
in deiner eigenen Fährte
zu wandeln.

Fegelagerfeuerlied

Ich weiß nix, Freund, von keiner Hölle,
hab sie mir nicht ausgedacht.
Doch glaub ich: Wenn sie keiner wölle,
gäb's nur Himmel, Tag und Nacht.

Selbstbildnis

Schau mich an, Leben, ich gehöre dir!
Weiß nicht, wozu und nicht wohin.
Doch erkenne, kein Widerstreben.
Meine Falten schreiben »Ich bin«.

Mein Mitleid sei dir gewiss,
wenn es dir Freude macht,
mich zu besitzen,
dich zu verschweigen,
mich denken zu lassen,
einsam zu sein.

Schau mich an, Leben, ich folge dir!
Weiß nicht, wozu und nicht wohin.
Doch schau mich an: Reflexion
ohne Ursprung ergibt keinen Sinn.

Nur selten lugst du in die Welt
mit meinen Sinnen,
dich zu vergewissern,
dass ich noch bin,
da du ohne mich
einsam bist.

Bin ich eine Sau

Bin ich eine Sau?
weil ich einmal

Bin ich der Teufel?
nur weil ich damals

Ich habe das ja nicht gewusst
und außerdem –

Soll ich mich schämen?
weil ich zufällig

Auf die Knie fallen?
weil ich angeblich

Was ist denn mit den anderen?
Die haben ja eigentlich

Bin ich eine Sau.

Es dreht sich die Welt um die eigene Achse

Es dreht sich die Welt um die eigene Achse.
Ich bin ein gefräßiges Tier.
Auf der Suche nach Delikatessen,
in meinem Revier.

Ich wittere und taste und beiße,
ich begehre, ich werde getrieben.
Die Zeit ist der Jäger, ihr finaler Schuss
ist bisher in der Flinte geblieben.

Wer mein Gehege betritt, erkennt die Gefahr.
Wen ich packe, der schlägt mit den Fäusten.
Ich markiere die Grenzen der Lust.
Ich darf mir kein Mitleid leisten.

Meine Welt ist der Augenblick.
Den ich nur mit den Sinnen erfasse.
Das Verachten von Ehre und Glück.
Der Glauben an mich ohne Masse.

Ich würde so gern fühlen in andern,
dort wo mein Körper nicht ist.
Wildfremde Seelen durchwandern.
Verstehen, was bleibt, wenn du ohne dich bist.

Doch dies ist leider nicht möglich,
da die Welt um sich selber sich dreht!
So lebe ich, ein gefräßiges Tier,
das nichts versteht.

Burnout

Ein Anfang will zu vielen Enden,
er zweigt und kreist und bremst und schiebt,
gelenkt von kosmisch-dunklen Händen,
die es am Ende gar nicht gibt?

Erreicht der Anfang, endlich, heiter,
Ende 1, merkt er schockiert:
so lange geht's verteufelt weiter
bis ALLE Enden durchprobiert.

Und das – ich sag es aus Erfahrung –,
das kann dauern, bis ins Ziel.
Zwar flieg ich erst die Siebt-Umrundung,
doch mir ist's jetzt schon viel zu viel.

Hände

Was bleiben wird, ist ungewiss,
liegt nur wenig in meinen Händen.
Wer weiß, ob mich meine Kommode vermisst.
Noch hängen die Fotografien an den Wänden.

Wer weiß, ob ich die Hände kenne,
die meine Gefährten in Schachteln verbannen.
Ob all diese Dinge, die ich Heimat nenne,
ein weniges meiner Liebe erahnen?

Bleibt dort, wo ich küsste, ein Liebespaar stehen
und spürt, dass ich hier glücklich war?
Kann man, wo ich betrog, meine Schande sehen,
und wo ich Angst hatte, die Gefahr?

Ich hab den Verdacht, dass gar nichts bleibt,
egal, wie ich es drehe und wende.
Wenn Gras durch meine Hände treibt,
dann summt ein Huhn mein Ende.

Wehrmut

Man sollte sich viel öfters trauen
vehement auf den Tisch zu hauen,
um den Umständen zu erklären,
man würde sich fortan wehren.

Man frisst so viel Kummer in sich hinein
und spürt längst den Knoten im Bauch.
Wir alle sollten viel mutiger sein!
Und hätte ich nicht Angst, so wäre ich es auch.

Deshalb

Mit jeder Stund, mit allen Tagen,
die wir froh sind, die uns plagen,
kneten wir uns den Moment,
den man dann das Leben nennt.

Deshalb dichte ich und singe,
deshalb hab ich Augenringe,
denn wenn's heißt: Jetzt ist's gewesen,
gibt's Musik und was zu lesen.

Tränen im Ohr

Tränen im Ohr,
So weiß jedes Kind,
kommen nicht vor!
Dafür sind doch die Augen bestimmt.

Popel im Mund,
so sagt man dem Kind,
»ganz ungesund!«
Dafür ist doch die Nase bestimmt!

Doch hie und da läuft alles anders,
da gibt es kein Normal,
da lacht man sich traurig und scherzt
verachtungsvoll der Qual.

Dann hasst man das Leben,
weil man es liebt,
verwünscht sein Schicksal,
sofern es dies gibt.

Wünscht sich nach vorne
oder zurück,
ist machtlos ausgeliefert
dem Augenblick.

Aber man sollte wissen, dass auch der vergeht,
und zum Trotz unbekümmert in der Nase bohren!
Wenn man nicht liegenbleibt, sondern aufsteht,
dann finden die Tränen nicht den Weg
in die Ohren.

AAH …

Kanon für Frischverliebte

Du hast mich und ich hab Dich,
man hat uns, mit aller Macht,
mich in Dich und Dich in mich,
fürchterlich verliebt gemacht.

Altes Ehepaar

Als er erwachte, war ihm bange.
Er suchte unter der Decke hindurch
die Hand seiner Frau und drückte sie lange.
Er schämte sich ob seiner Furcht.

Er bat sie leise, ihn fest zu umarmen,
um eng und warm umschlungen zu sein.
Sie zog den Traurigen sanft an den Armen,
er weinte in ihre Haare hinein.

Sie fragte ihn nicht nach seinen Beschwerden,
doch teilte stumm das fordernde Leid.
Sie wussten, sie würden nie glücklicher werden,
und dankten Gott für die gemeinsame Zeit.

Wind

Der immerschöne Wind
bläst an mir vorbei.
Er sieht mich, wie mir scheint,
gar nicht und auch ich

hätt' ihn nicht bemerkt.
Nur unter mir der Adler,
unter mir die Wolken,
fliegen vor sich hin.

Denken sich: Schon wieder
einer, der nicht merkt,
was ihn so hoch getragen –
der immerschöne Wind.

Eheglück

Ich habe oftmals schon von ihr geträumt,
viel öfter, als in Wirklichkeit gesehen.
Ich träume stets, ich sei ihr Freund,
küsse ihren Po, den Bauch und auch die Zehen.

Ich weiß, dass dieser Traum verfänglich ist,
ich schäme mich dafür,
ich weiß, wenn meine Frau dies wüsst',
wär' sie wahrscheinlich nicht mehr hier.

Schweigend liegen wir im Bette,
die Gedanken schweifen fern:
ach, wenn ich doch den Traum nicht hätte,
wenngleich, ich hab ihn gern.

Mein Geheimnis quält, ist kaum zu ertragen.
Ich frage, ob's Sünde sei,
wird man im Traum verführt?
Sie antwortet:
»Dasselbe wollte ich dich gerade fragen!«
Das hat mich irritiert.

Wir

Ich blicke vorwärts, in die Ferne,
schau zurück, so weit ich kann,
und ich frag mich, ob und wann
ich Dich wieder lieben lerne?

Denn es nagen die Gezeiten
unermüdlich, kalte Diebe
fressen Stück für Stück die alte Liebe,
woll'n uns auseinanderleiten.

Doch sind wir nicht nur jetzt und hier,
wir sind auch schon Vergangenheit.
Es gibt mehr *Uns* als *Dir* und *Mir*,
schon so viel schön geträumte Zeit.

Im Stau

Letztens bin ich im Stau gestanden
und hinter mir du.
Da kam mir sogleich mein Herz abhanden,
denn es flatterte deinem zu.

Da haben meine Reifen nach Luft geschnappt,
mein Motor hat heftig vibriert.
Da fühlte sich gleich mein Spiegel ertappt,
durch den ich dich anvisiert.

Hemmungslos legt' sich der Rückwärtsgang ein
und heulte liebestoll auf!
Ich hoffe, du willst meinem Auto verzeih'n,
es knallte dir kräftig drauf.

Abermals schwungholend, wieder zurück,
auch deines blieb keineswegs stehen.
Die beiden hupten und quietschten vor Glück
und ließen sich stundenlang gehen.

Sie ruckelten, bis ihre Kräfte schwanden.
Kein Wunder, der Tank war schon leer.
Während alle anderen Autos standen,
hatten unsere beiden Verkehr.

Liebesgedicht

Es tut mir leid,
wenn ich so oft
nicht der war,
den du dir erhofft!

Es tut mir leid,
wenn manches Mal
das Bei-mir-Sein
war Qual!

Ich danke dir,
dass du trotzdem
nicht fortgegangen bist!

Das ist für mich
extrem bequem,
weil ich sonst selber
kochen, waschen, bügeln müsst!

Danke! Ich glaube, ich liebe dich!

Im weichen Moor

Langsam kreucht ein Regenwurm
im dunkelkalten Erdenreich.
Er schüttelt sich verträumt-benommen
und wühlt sich bis zu einem Teich.

Wie ist mir nur? Gibt's Zeit und Raum?
Er rätselt stark und krümmt sich weich.
Bin ich Ich? Wenn nicht, warum?
Ist jetzt schon jetzt? Oder kommt es gleich?

Er windet sich in Sorgenfalten,
legt noch grübelnd siebzig Eier,
voller Suche nach dem Sinn,
behutsam neben seinen Weiher.

Im Gespräch mit den Kollegen
erwähnt er seine Krise.
Man gibt ihm Rat und sogar Regeln,
viele brauchbar, manche fiese.

Kann es so denn weitergehen?
Immer nur im Erdreich wühlen?
Großes soll mir doch geschehen!
Weltenbrand will ich doch fühlen!

Just in dieser schwarzen Wolke
spürt er sich und alles beben,
denn am Weiher, bei den Eiern,
regt sich frisch gehauchtes Leben.

Und, als wär's die Gottheit, die ihn
sanft und stark ins Dasein schiebt,
zeigt sich plötzlich im Gewühl
ein Geschöpf, das leise piept.

Ein Mädchenwurm ist angeflossen,
flötet ihm ins rechte Ohr:
Nimm mich, Wurm! Und nimm mich schnell!
Komm nicht zu schnell – und mir zuvor!

Sie reichen sich den Wurmfortsatz
und lieben sich im weichen Moor,
bestaunen sich und knoten sich
so schön wie nie zuvor.

AHA

Appell an die Wissenschaft

Wenn ich eins und zwei und drei und sieben
nehme und zusammenzähle,
bekomm ich ein Ergebnis, das ich
nicht aus freien Stücken wähle.

Deshalb ist zu überlegen,
ob man nicht viel weiser handelt,
wenn man ohne solche Zahlen
lustvoll durch die Gegend wandelt.

Sartre und der Lehrer

Weil ein Lehrer – auf die Frage
eines hochgewitzten Schülers,
ob es richtig sei, dass, glaubt man Sartre,
alles nichtig und vergebens
und nur einzig wahre Liebe
Trost den Menschenskindern schenke –
sich keine Blöße geben wollte,
sprach er hastig und verlegen:

»Ja, das stimmt grundsätzlich schon,
er kenne das vom Hörensagen,
dann, mit andrem Unterton:
Doch wichtig sind auch Hausaufgaben!«

Sartre und der Schüler

Weil ein Schüler – auf die Frage
eines hochgewitzten Lehrers,
ob er glaube, dass es richtig sei,
ausgerechnet seinen eignen Meister,
den man achte und verehre,
zu fragen, ob es richtig sei, dass,
glaubt man Sartre,
alles nichtig und vergebens
und dass allein nur wahre Liebe
Trost den Menschenskindern schenke –
sich keine Blöße geben wollte,
sprach er völlig unverlegen:

»Ja, natürlich! Glaub ich schon!
Der Lehrer weiß es! Er allein!«
Und dann, mit andrem Unterton:
»Das war nicht so ernst gemeint.«

Das muss Gott in Frankreich sein

In der Rue de Bois, mitten im Marais,
da küssten sich zwei Frauen
zärtlich ihre Goschen.
Ein kleiner Bub, der dieses sah,
in dem grad just
in dem Moment die Lust
auf Weiberstreichelei gebar,
der dachte, so ein Weiberbein,
das muss Gott in Frankreich sein.

Heimatfilm

Als hoch in eines Berges Flanke,
in einem schneevereisten Hang,
ein schöner Buttermilchgedanke
das Loblied auf den Efeu sang,
da löste sich die Schneelawine
und stob auf dunklen Wegen
dem finstern Tal entgegen.

Und als die Sonne tausend Jahr
das finstre Tal beschien,
da kletterte durchs Eiskristall
der Efeu durch die Schneelawin'
und grüßte scheu mit seiner Blüte!
Welch schöner Tag, du meine Güte!

Ein kleiner Schneewurm, der dies sah,
dem wuchs vor Glück ein Dromedar!
Dem Dromedar, dem wuchs ein Bart,
und weil dies fror, so ward es hart,
und barst in tausend kleine Stücke,
und flog zu Boden, doch zum Glücke,
den Augenblick noch segnend,
war grad ein Auflicht in der Gegend!
Das gab dem Ganzen einen
Silbergelatineschimmerglanz.
Und Franz,
der zur selben Zeit zum Tanz,
mit Sonja,
die mit ihm war, trotz Hüftbeschwerden,
stellte hier zu Recht die Frage:
Verdient es wirklich jede Sage,
erzählt zu werden?

Skorbutgereim

Im Rausch wird die Wanze zum Schuppentier,
es wölbt sich der Wind im Gebüsch.
Dann schlüpft aus den Fliesen ein
Plastikgewürm
und singt mir ganz schaurig aufs Ohr.

Es singt von den Flüssen der Weltengeburt,
von Jungfrau'n im schuppigen Kleid.
Und mitten im krächzenden Jammergetön
streift es mich fiebrig am Haar.

Ich will es noch fassen, da flüstert es nass,
dass ich mich umblicken soll.
Dreh mich nach hinten und merke entsetzt:
Ich sitze im Schlauchboot auf der Adria.

Ballade vom Inkarnationsros

Als Pferd trug ich zur Römerzeit
Oviden auf dem Rücken,
mit einem silber-gelben Kleid,
den Dichter zu beglücken.

Ich stürzte im Kampf und im Nu kam der Ruhm,
fühlt' mich noch kurz wie ein Heldentier.
Dann flog ich sterbend nach Karthum
zum Sommersitz von König Lear.

Man soll ja nicht angeben,
aber stolz bin ich schon,
dass ich das Inkarnationsross bin.
Bescheiden muss man leben,
aber schön ist es schon,
dass ich das einzige Inkarnationsross bin.

Es sprach zu mir der König Lear:
»Ovidens Pferd! Gehörst nun mir!
So wie du einst aus Dichterstirne,
entfleuchte ich des Shakespeares Birne.«

(Ich war nie wirklich auf der Erde!
Einsam gras ich nur in Versen.
Im Kino gibt's noch echte Pferde,
wie gern wär' ich so eins gewesen …)

Man soll ja nicht angeben,
aber stolz bin ich schon,
dass ich das Inkarnationsross bin.
Bescheiden muss man leben,
aber schön ist es schon,
dass ich das einzige Inkarnationsross bin.

Ein soziales Jahr als Schaukelpferd
adelt meinen Lebenslauf.
Es sitzt auf mir und kräht und zerrt
Familie Wittichs kleiner Klaus.

Nun kann ich nicht mehr tiefer fallen,
nur neulich funkte Hoffnung auf.
Der Nachbar war's. Er starrt mich an.
Auf dir bin ich dereinst geritten!
War's hier, im Traum, im Wald, im Meer?

Ich grinse wissend zu ihm hin –
so gut als Pferde grinsen können –
und denk bei mir: Ovid, mein Alter!
Komm, steig auf, wir reiten heim.

Wie ich wunschverzückt warte,
geht der Meister zur Küche, langsam schlurfend;
ihm hinterher ein schwacher Schimmer:
Hoffnung, die sich in mir fand.

Man soll ja nicht angeben,
aber stolz bin ich schon,
dass ich das Inkarnationsross bin.
Bescheiden muss man leben,
aber schön ist es schon,
dass ich das einzige Inkarnationsross bin!

Schön war es schon.

Einsamer Dichter

In einem Eimer einmal saß
ein Einzeller, der einsam aß,
und zwar Leinsamengras
mit einem 1-A Wein im Glas.

Und wer nun denkt,
den Leinsamen
hätte die Polizei
für sich entdeckt –
als Abführmittel –,
der wirkt auf mich
verwirrt!

Und wer nun denkt,
der Einsame,
also ich,
hätte sich keinen
1-A Wein
nachgeschenkt –
der irrt.

Es hapert Kapern

Heut haperte es schrecklich
Kapern aus dem Morf.
Zum Glück warn wir entgenzhennt
und ülpten bis um 4.

Vollmond auf dem Bauernhof

»Bäurin hast des ghört?«
Die Bäurin aber schläft!
Der Bauer spitzt die Ohren.
Ist es ein Hund, der kläfft?
Ist es ein Ast, der windgeschlagen,
ein Ziegel, den der Sturm
vom Dach getragen?

»Bäurin, wach auf,
hörst du des ned?
Da steht doch jemand vor der Tür –
wos soi des Gfred!?«

Die Bäurin jedoch wacht nicht auf.
Sie atmet tief und sanft und unbeirrt.
Wie schön doch grad der volle Mond
ihr volles Rund durchs Fensterglas skizziert.

Doch wieder ein Bumpern,
ein Kreischen, ein Laut,
der Bauer reißt die Augen auf
und schaut, ihm graut,
seine Bauernpranken,
seine großen Griffeln,

seine von Arbeit getränkten
furchdurchsäten
wettergegerbten Lederfinger
umklammern den Zipfel des bestickten Kissens.
Den Kissenzipfelsaum.

»Bäurin! Wach auf aus deinem Traum:
Jetzt werd ich gleich narrisch,
wannsd nicht aufwachst!
Du Bloddern dorratde,
sag hörst as ned?
Draußen moan i steht er!
Draußen moan i geht er!
Schwarz und eisig, mit der Sense,
oder sind es nur die Gänse?
Ist's ein Marder, ein Verirrter,
ein Fensterladenscharnier,
ein ungeschmierter?«

Die Bäurin jedoch wacht nicht auf.
Sie atmet tief und fest und traumdurchsät,
pflückt Kräuter aus dem Sehnsuchtsbeet,
taucht ihre Nase ins Gepflückte,
und wer sich Zeit nimmt und die schöne Frau,
wie sie so selig schlummert, genau besieht,
bemerkt nun wohl das Lächelhusch,
das sich auf ihre Lippen drückte.

Doch nicht der Bauer, er hat genug,
in seinen Pranken nun ein Krug,
so steuert er zur Lehenstür
und schleicht sich an in seinem Wahn
und reißt die Türe auf und stürzt hinaus
in seinen Hof, grad vor sein Haus,
und steht, den Kampf nun nicht mehr scheuend,
vor einer Straßenwalzmaschine 67 KW,
mit einer Achslast von 1200 kg,
eine sogenannte Tandemvibrationswalze,
die von Volvo, ohne Splittstreuer.

»Ach ja«, fällt's dem Bauern wieder ein,
die baun ja hier de Umgehungsstraßn!
Des hab i ganz vergessen, oda?«,
fügt er leise noch hinzu,
»oder hab ich's nur verdrängt?!«

Und traurig ob seiner Vergesslichkeit,
schleicht er zurück,
legt sich neben sein weltentrücktes Weib
und sinniert doch recht betrübt:
»Selbst bei uns aufm Bauernhof
san mittlerweile de Vollmondnächte
profan!!«

Malade Ballade vom unbekannten Mann

Zur Zerstreuung meiner Sinne
spazier ich oft zum Friedhof hin,
hat mancher Grabspruch, wie ich finde,
seinen Unsinn oder Sinn.

Nur ein Spruch hat mich tief bekümmert –
hab ihn seither nicht vergessen:
»Hier ruht in Gott ein Unbekannter,
lebte nur zum Ficken, Fressen.«

Ich forschte nach, worauf ich fand,
das Schicksal, das ich hier gestreift,
war so genügend int'ressant,
dass es zum Gedicht gereicht:

Es lebte mal vor langer Zeit
in einem völlig unbekannten Land
ein total unbekannter Mann,
der auch unbekannt verstarb.

Es heißt, er hatte auch zwei Kinder,
das eine klein, das andre auch,
die Kleinen wuchsen immer höher,
dem unbekannten Mann – ein Bauch.

Man weiß nicht, wer sein Weib war,
man munkelt, sie war mittelschön.
Es heißt, sie täte nachts gern schlafen
und tags manchmal spazieren gehn.

Der Mann verließ sein Haus zur Arbeit,
vierzig Jahre, jeden Tag.
Nur am Sonntag blieb er liegen,
zur Gewöhnung an sein Grab.

Ganz genau wie alle andern
wollt' er fressen und auch saufen,
sitzen, schlafen, manchmal wandern
und mit Geld sich Sachen kaufen.

Röchelnd auf dem Sterbelager
wollt' er unbekannt versterben.
Da quält ihn plötzlich eine Frage:
»Was soll aus der Menschheit werden?«

Und mit dem letzten Atemzug
überzieht es ihn mit Eiseskälte:
»Ich hab's versäumt! Ich hab's vertan!
Wenn ich nur einen Versuch noch hätte!«

Er zuckt noch – und dann lebt er ab.
Vergessen, gleich, nach fünf Minuten.
Denn wer so spät erst aufgewacht,
der muss büßen, der muss bluten.

Sein Weib wollt' ihn sogleich begraben,
doch konnt' sich seiner nicht erinnern.
»Wer ist der tote, unbekannte
Mann in meinem Witwenzimmer?«

So haut sie dem Grabstein zwei Sätze nur ein,
so weit war's in ihrem Ermessen:
»Hier ruht in Gott ein Unbekannter,
lebte nur zum Ficken, Fressen.«

Plagiat

Einsam komme ich die Straßen entlanggeweht.
Ernst und blass ist mein Gesicht.
Wenn noch ein andrer Dichter mit mir geht,
bin ich es natürlich nicht.
Und bin ich es doch,
so ist es nicht schlimm,
da ich so oft in anderer Denken,
Schuhen und Leben gewandert bin.

Meine Abenteuer mit P. Schlober (Teil 4)

Als ich letzten Donnerstag zum
Schlober Peter hinging und
– Moment – das war doch nicht am
Donnerstag – ich glaube, Montag war's –
na ja – auf alle Fälle wollt' ich
sowieso (!) nur auf einen Schluck vorbeischaun
und die Sache wegen
Boyzi und der andern (der wo
er fast immer nie da drüber
was gesagt hat) mal in Ruhe
ohne Breycig und den Lada
und sein' schwulen Köter Bush besprechen –

Als ich jedenfalls am letzten
Donnerstag beim Schlober Peter
läute, bin ich – ehrlich wahr – den
halben Nachmittag im Regen
rumgestanden, weil der Schlober
Peter war nicht da.

Die Teile 1, 2 und 3 werden nachgereicht

Ich, der Heinz

Ich, der Heinz, bin fünfunddreißig.
Groß und schlank und blond gekämmt,
bin vom Typ her eher fleißig
und – was sagen Sie? – gehemmt?

Die Kollegen sagen jedenfalls:
Der Heinz, der ist total in Ordnung,
und bei der Weinfahrt in die Pfalz,
da war ich – nein das stimmt nicht – ’tschuldigung.

Einmal traf ich eine Maid
mit blauem Haar und rotem Mund.
Sie fragt mich rauchend nach der Zeit
und streichelt dabei ihren Hund.

Ich ruf ihr zu: »Hey, junges Luder!
Bist du nicht die Milka-Kuh?
Nur der Euter braucht noch Puder …
Wie wär’s, wie schaut’s? Let’s go to you?«

Sie gafft mir gähnend ins Gesicht,
murmelt Arsch erst – und dann: Loch,
ergänzt noch Wichser, Schleimer, Wicht –
und dann schubst sie mich auch noch.

So geh ich grübelnd ins Büro,
vielleicht geht was,
später,
anderswo …

König

Ganz vorne auf des Hauses Dach,
da stand der Mann und dachte nach:
Wenn ich ’nen Schritt nach vorne rückte,
vergangen wär, was mich bedrückte!

Er wurde, und das war für ihn schlecht,
den eigenen Ansprüchen nicht gerecht,
die er so hoch gesetzt, wie er jetzt stand,
weshalb sein Lebensmut entschwand.

Nun ging er einen Schritt nach vorn
und hat sein Portemonnaie verlorn,
sein Gleichgewicht und auch sein Leben
und blieb tot auf der Straße kleben.

Ein Kind, das sich für einen König hielt,
hat unweit von dem Platz gespielt
und hat nun vehement dem Toten
das Aufstehen verboten!

Der tote Mann hielt sich daran
und dachte, wie man sich ganz leicht denken kann:
die richtigen Ansprüche, wenn man stellt,
schon ist man König dieser Welt.

Neo Liberalitas

Auftragsgedicht für den VDTQ, € 1.200,-*

Kam ein Vöglein geflogen,
setzt' sich mir auf den Schoß,
hab' sein Flüglein verbogen,
darauf flog's wieder los.

Es segelt im Kreise,
ein herrliches Bild!
Doch endet die Reise
am Ortsausgangsschild.

Nun ist auch der zweite
Flügel verknittert,
das Spätzchen fliegt weiter,
verzweifelt, verbittert.

Ich blicke dem Tierchen
noch lang hinterdrein,
bestelle zwei Bierchen
und freu mich am Sein.

* Verband der deutschen Tierquäler

Der Aussenseiter

Er war anders, als die andern sind.
Er aß den Milchreis mit Pfeffer statt Zimt.
Er sagte »ja«, die andern »nein«.
Er trank im Bierzelt einsam Wein.
Er betete nur nach dem Essen
und wusste stets, was er vergessen.

Doch die Verwunderung keine Grenzen kannte,
als er, so anders er war,
ein Kind gebar,
und es ganz gewöhnlich Hans nannte.

An einem sonderbaren Junitag

Zwei Schmetterlinge flatterten vor meinem
Fenster,
ganz ohne Zweck.
Zur gleichen Zeit fiel ein maskierter Gangster
anderswo in die Hände der Polizei.
Bei mir im Zimmer war's, auf die Minute genau,
kurz nach Mai.

Fünfzehn Sekunden später,
nachdem man diesen Gangster fing,
hat ihm die Polizei, naiv und unbedarft,
die Maske abgenommen, hat ihn entlarvt.
Da flatterte er weg –
entpuppte sich an diesem sonderbaren Junitag
zum Schmetterling.

Wenn nicht, wer Du?

Ging mir gestern so beim Gehen
ein Gedanke, ganz gelassen,
durch den Kopf:
Was, wenn ich nicht ich mehr wäre,
sondern Du?
Wärst Du dann automatisch ich?
Oder anderswer?
Und, falls Du's gar nicht merken tätst,
und ich ja eh schon lange Du –
tät' ich's gar nicht merken,
ich wär ja Du, halt unbemerkt.
Du wärst ich, doch glaub ich kaum,
dass ich, äh, Du, das glauben täte;
kenn ich mich doch allzu gut
und weiß, wie Du als ich so wärst.
Und wenn dann Du (als ich) Dich einmal
in mich (als Du) hineinversetzt
und, stell Dir vor, Dich dann noch fragst:
Was, wenn ich nicht ich mehr wäre?
Dann wärst Du endlich
wieder Du.

Wenn Du, wer nicht?

Ich bin er, und er ist ich
und beide sind wir zimperlich,
er ziemlich, aber ich noch mehr,
denn er ist ich und ich bin er.

Er ist ich und wir sind wer!
Und wer ist wir, wenn wir nicht wer?
Wenn nicht wer du, wer überhaupt?
Zu fragen sei doch noch erlaubt!

Wenn ihr dann auch, dann auch noch ihr!
Denn ihr seid wir und wir sind ihr,
euch ist das mirdirwir egal,
doch wer seid ihr, ich bitt euch mal!

Es geht doch hier nicht mehr um wir!
Um uns! Nicht dass ich mich in euch verlier!
Wer hört mir ihm, wer wir, wer uns denn zu,
drum frag ich euch: Wenn nicht wer du?

Wenn nicht wer du, dann keinermehr!
Denn er ist ich – und ich bin er!

OH . . .

Sozialismus und Leidenschaft

Ich bin nur ein Rädchen im Getriebe,
obwohl ich es lieber mit einem Mädchen triebe!

Meistens edel

Mit Liebe und mit gutem Willen,
stetig hilfreich, gut und heiter,
dacht' ich mal für mich, im Stillen,
kommt man auch nicht weiter.

Lang gesucht und jetzt gefunden

Gott sei Dank, nämlich
die viereckige Uhr meines Großvaters
ist die lang gesuchte
Quadratuhr des Greises.

Dralle Kate

Auch wenn ich folgende Einstellung
mit dem Gang zur Hölle bezahle,
aber lieber ist mir eine dralle Kate
als eine Kathedrale!

Luxus

Wenn ich ein Vöglein wär
und hätt' noch drei Wünsche frei,
wünscht' ich mir nichts so sehr,
als dass ich kein Sittich sei.

(Die anderen beiden ließ ich unerfüllt verstreichen.)

Dichterkrisengedichte

Steckt ein Dichter in der Krise,
legt er sich grübelnd in die Wiese.
Ist ein Dichter frohgemut,
kommt's vor, dass er dasselbe tut.

Steckt ein Dichter in der Krise,
kitzelt er sich selbst die Physe.
Fängt er dann zu weinen an,
weiß er, dass er reimen kann.

Steckt ein Dichter in der Krise,
hilft es nix, er muss durch diese …
nur hindurch, wenn er recht dumm,
viel leichter geht man außenrum.

Steckt ein Dichter in der Krise,
legt er sich zu der Luise,
und Luise zeigt ihm dann,
dass er sehr wohl dichten kann.

Steckt der Dichter in der Muse
und diese stöhnt dabei diffuse
Laute in die leise Nacht,
hat es der Dichter weit gebracht.

Steckt ein Dichter im Tiramisu,
so fragt man ihn: »Wie kommst denn du
in diese Eiercreme hinein?«
»Man stellte mir ein Bein«,
könnte eine Antwort sein!

Steckt ein Dichter in der Krise,
entzündet sich die Tränendrüse
bei manchem Weib, das er betört,
und dann fährt er fört.

Steckt ein Dichter in der Krise,
gelingt ihm unter Druck Famoses.
Zum Beispiel: die Teilung einer Wiese!
Ach nein, das war ja Moses!

Steckt ein Schuster in der Krise,
schiebt er liebend gerne diese
in die Schuhe eines andern –
soll doch der mit dieser wandern.

Hochint'ressant

Alles kommt wie's kommen muss,
alles gießt sich hin im Fluss,
ich wart, im Regen, auf den Bus
und geh, wenn er nicht kommt, zu Fuß.

Geierpärchen beim Abendbrot

Ich lauscht' mal einem Dialog,
der sich etwa so vollzog:
Geiermann zum Geierweibchen:
»Schneidst du mir noch so ein Scheibchen?«
»Was willst du aufs Brot?«
»Ist egal, Hauptsach tot!«

Dichterdinge privat

Die stille Leere in der Birne
zwingt den frommen Dichtersmann
ab und an zu einer Dirne,
die ihm auch nicht helfen kann.

Wenn der Dichter Hunger hat,
macht er sich ein Butterbrot.
Hinterher, da ist er satt
und trotzdem irgendwann dann: tot.

Ein Dichter, der gern grillen will,
zündet sich ein Streichholz an.
Hält es unters Fleisch, ganz still,
das schmeckt nicht, aber dauert lang.

Ein Dichtermann in bester Laune
schritt einst frohgemut durchs Land,
bis er stolpert, fiel und dann, man staune:
liegend ein Gedicht erfand.

Kriegt ein Dichter einmal Fieber,
sollte er das Reimen lassen
und sich anstatt dessen lieber
um andere Sachen kümmern.

Zwei Mädchen und der …

Zwei Mädchen und der Alois,
die planten sich zu lieben.
Das nennt man eine menage à trois
und reimt sich nur geschrieben.

Zwei Mädchen und ein Polizist,
die planten sich zu lieben!
Die Mädchen kamen viel zu schnell
und wurden aufgeschrieben.

Zwei Mädchen und der Heribert,
die planten sich zu lieben.
Der Heribert, das war ein Pferd,
die Mädchen gelbe Rüben.

Zwei Mädchen und ein Angler,
die planten sich zu lieben.
Sie trafen sich im Nebel
und fischten dann im Trüben.

Zwei Mädchen und ein Moderator,
die planten sich zu lieben.
Sie trieben's wild, dann moderater
und blieben schließlich liegen.

Vorsichtsmassnahme

Es ist mir, weil ich's nie studiert,
das Astronome unbekannt.
Deshalb, wenn ich ins All flieg, dann:
Allerhöchstens unbemannt!

Notgroschenmerksatz

Beim Geld, da hört die Freundschaft auf!
Aber: Wenn dich ein Freund um Geld betrügt,
hat das nichts mit der Freundschaft zu tun,
sondern mit dem Geld.

Im Weg

Der Vordergrund steht oft, ganz stumm,
ganz eitel und ganz selbstverliebt,
als ob es außer ihm nichts andres gibt,
dem Hintergrund im Weg herum.

1. LC SCHADE*

*Limerick-Club

Tarzanlimericks

Der Tarzan war mal in Arabien:
da fragte er jemand: »Estas bien?«
Da lacht der Araber
und sagt: »Ja, schon! Aber
du bist fei hier nicht in Kalabrien.«

Es fuhr mal der Tarzan nach Thailand,
da traf er leibhaftig den Heiland.
Sie verglichen ganz kurz
das Teil unterm Schurz –
da kicherte Jane, die dabeistand.

Es wollt' einst der Tarzan nach Brüssel,
doch passte kein Porsche zum Schlüssel.
Janes Bruder, der Lenz,
lieh ihm seinen Benz,
das war eh die viel coolere Schüssel.

Once Tarzan was walking to Paris
then realized that Paris quite far is
he returned to his jungle –
Lianen-Gehangel
I think that that decision ganz klar is.

Cowboylimericks

Es war mal im Westen ein Wilder,
der wurde ganz plötzlich viel milder.
Er tat nicht mehr schießen,
wollt' Blumen nur gießen
und malte ganz schwülstige Bilder.

Es soffen zwei Cowboys am Feuer
sich blau erst, dann bläulich, dann bläuer,
und kurz vorm Nirwana
erschien ein Indianer,
der war ihnen nicht ganz geheuer.

Es besang mal ein Cowboy im Abspann
ganz tragisch den eigenen Abgang.
Da schluchzt es im Saale
Hunderte Male,
so schön war dem Gringo sein Singsang!

Dackel-Limericks

Ein Dackel stieg mal auf den Ätna
und das, obwohl er sehr fett war.
Und trotz all der Lava
war er froh, dass er da war,
und kläffte zufrieden: »Des hätt ma.«

Ein Dackel wollt' mal auf den Ätna
und nahm sich sein brandneues Kettcar.
Doch das ist verboten,
mit so kurzen Pfoten.
Wie will er denn bremsen, der Fettsack?

Ein Dackel im alten Pompeji
der ahnte schon Schlimmes, o wehji!
Zum Glück: Der Vesuv
brach aus, als er schluf,
und macht' aus ihm eine Mumiji.

Musketier-Limericks

Ein Musketier aus der Provence,
der holte beim Wettkampf Bronce.
Bei Teilnehmern zwei
bedeutet Platz drei:
seine Darbietung war nicht famoce.

Ein Musketier aus der Provence
verfiel beim Wettkampf in Trance.
Er schlief und erwachte,
als Gold man ihm brachte,
da war die Verwunderung groß.

Ein Musketier aus der Provence,
der bohrte gerne in der Nos.
Mit einer Lanze,
und zwar die ganze!
Da fragt man sich kurz: Wie macht er das bloß!

Ein Musketier aus der Provence
erstach beim Wettkampf sein Ross.
Darum lag auf der Erd'
das blutende Pferd,
und das Schwert trug er weiter zu Fuß.

Ein Musketier aus der Provence,
der dachte, er wär' ein Matros'.
So fuhr zum Kampf er
stets mit dem Dampfer,
und wenn das nicht ging, mit dem Floß.

Ein Musketier aus der Provence
suchte Pilze vergebens im Moos.
Erst im Burgfrauenkammerl
fand er Unmengen Schwammerl
und wurd' sie nie wieder los.

Ein Musketier aus der Provence
beschimpfte ein Brite als dummen Franzos'.
Da stach er mit 'nem Lachen
in den britischen Rachen
und sprach süffisant: Je suis and he was!

Ein Musketier aus der Provence,
der liebte einst die Florence.
Doch auch mit der Hilde
führt er was im Schilde,
da stellt sich die Frage: Ja wos?

INHALT

HA!

* Die kursiv gesetzten Gedichte stammen von Marcus Rosenmüller, alle anderen von Gerd Baumann

HM

AAH…

AHA

OH …

1.LC SCHADE

Die Autoren:

Gerd Baumann (geb. 1967) ist Komponist, Produzent und Gitarrist, betreibt ein Plattenlabel sowie einen Live-Musik-Club. Seit 2013 leitet er den Studiengang Filmkomposition an der Münchner Musikhochschule. Die Begegnung mit Marcus H. Rosenmüller führte bisher zu zehn gemeinsamen Kinofilmen und einer noch nicht gezählten Schar von Gedichten, Geschichten und Liedern.
Er lebt mit seiner Familie in München.

Marcus Rosenmüller (geb. 1973), aufgewachsen in Hausham, wurde in der Jugend von Joachim Ringelnatz- und Heinz Erhardt-Gedichten aufgeklärt, erzogen und freudvoll auf das Leben vorbereitet. Die Lust, selber zu dichten, entsteht früh und wächst unaufhörlich, besonders nach der Begegnung mit dem Komponisten und Verseschmied Gerd Baumann im Jahre 2005 bei der Arbeit zu »Wer früher stirbt ist länger tot«.
Den Band widmet er seiner Frau und seiner Tochter, mit denen er in Bayern lebt.

Martin Kett (geb. 1967) hat schon mit Gerd Baumann gemeinsam in der Schulband musiziert, bis er sich entschloss, doch lieber Maler zu werden. Er studierte Design, leitet heute seine eigene Designfirma und zeichnet am liebsten weibliche Menschen und große Städte.

Typografie und Satz: Schuster & Junge, München
Druck und Bindung: Kösel, Altusried
ISBN 978-3-88897-934-7